DERNIER MOT

SUR

SIR HUDSON LOWE

SUR SES MÉMOIRES

PUBLIÉS PAR WILLIAM FORSYTH,

Et sur l'analyse qui en a été faite dans la
Revue des Deux-Mondes.

BARTHÉLEMY **BARON DE LAS CASES** (SAINTE-HÉLÈNE)

1855.

PARIS

IMPRIMERIE DE W. REMQUET ET Cⁱᵉ,

SUCCESSEURS DE PAUL RENOUARD,

Rue Garancière, n. 5.

DERNIER MOT

SUR

SIR HUDSON LOWE

SUR SES MÉMOIRES

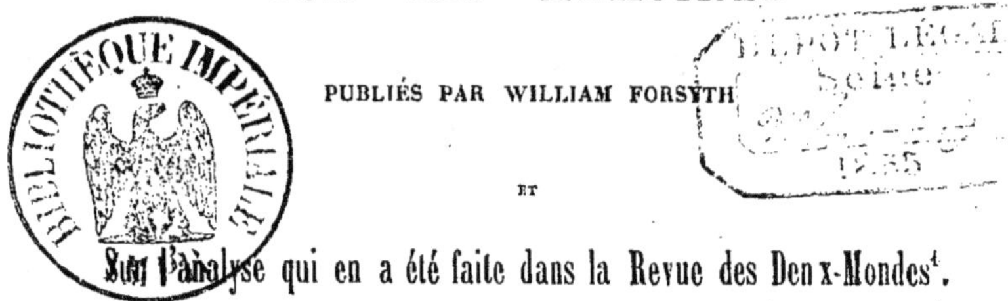

PUBLIÉS PAR WILLIAM FORSYTH

ET

Sur l'analyse qui en a été faite dans la Revue des Deux-Mondes[1].

Trente et un ans après la mort de l'Empereur Napoléon parut un ouvrage justificatif de la conduite de sir Hudson Lowe. Cet ouvrage, publié en Angleterre sur les documents communiqués par la famille et rédigé par M. W. Forsyth, devait naturellement démentir tout ce qui avait été écrit pendant ce long espace de temps sur le drame de Sainte-Hélène et heurter de front le jugement du grand tribunal de l'opinion publique qui, depuis longtemps, avait rendu justice à chacun.

Cet ouvrage était une longue, triste et fastidieuse diatribe. On le laissa de côté sans daigner répondre à ses

---

[1] *Sir Hudson Lowe et la captivité de Sainte-Hélène*, par L. de Viel-Castel, *Revue des Deux-Mondes*, 15 janvier 1855.

allégations fausses, à ses insinuations odieuses. Seul,
le bibliographe de l'*Athenæum* se décida à parler de
l'ouvrage de son compatriote dans un article critique
où il s'exprime ainsi :

« Sans manquer de respect à la savante profession
« dont le biographe de sir Hudson Lowe est mem-
« bre (William Forsyth est avocat), nous croyons peu
« judicieux d'avoir confié une réputation tant accu-
« sée à la défense d'un homme de loi... Les artifices
« qui font gagner une cause devant une cour de jus-
« tice ne sont guère efficaces devant le tribunal de la
« critique sérieuse. La rhétorique de M. Forsyth ap-
« partient visiblement au barreau ; sa logique est de
« la même école. Trop souvent, en le lisant, on croit
« lire ou entendre une plaidoirie, et son ton, du
« commencement à la fin, est d'une partialité trop
« commune aux biographes comme aux avocats... »

La traduction de ces Mémoires parut en 1854 et
n'éveilla pas même la curiosité ; depuis trop longtemps la postérité avait prononcé pour qu'une publi-
cation de ce genre pût émouvoir l'opinion publique.
On s'étonna néanmoins que l'on eût attendu prudem-
ment, pour mettre au jour ces attaques rétrospectives,
que tous les témoins du long martyre de Sainte-Hélène
fussent descendus dans la tombe.

Mais dernièrement, dans la *Revue des Deux-Mondes*
du 15 janvier 1855, paraît un article qui tire de l'ou-
bli l'ouvrage de M. Forsyth et semble incliner à réha-
biliter la mémoire de sir Hudson Lowe. Le caractère
de ce recueil, le crédit dont il jouit, la classe de lec-
teurs à laquelle il s'adresse plus spécialement, le talent

et l'esprit de droiture de l'auteur, ne permettent pas un plus long silence.

M. de Viel-Castel, en essayant d'être impartial, s'est laissé dominer, je le crois, par un sentiment généreux, celui de rendre justice à un caractère, selon lui, indignement calomnié. Nous comprenons la tâche qu'il s'est imposée; mais elle était donc bien lourde, qu'il ait fallu pour laver sir Hudson Lowe de son passé, d'un côté, enlever au martyr sa dignité dans le malheur, et de l'autre, rabaisser le noble caractère de ceux qui partagèrent sa captivité? — Comment? pas un seul! pas même la victime n'a trouvé grâce! — Pourquoi attaquer cette ombre illustre, si chère à la France? Chaque jour qui s'écoule, en apaisant les passions, ne lui donne-t-il pas une grandeur nouvelle? la connaît-on dans toute sa puissance? Ses œuvres, recueillies par la pieuse sollicitude de Napoléon III, ne vont-elles pas ajouter encore une gloire de plus à toutes ses gloires? Pourquoi, sans nier précisément la splendeur du soleil, se complaire à y chercher des taches? Pourquoi amoindrir, dénaturer une fidélité et un dévouement que personne jusqu'à ce jour n'a osé méconnaître? Ces vertus sont-elles si communes qu'on puisse impunément, et ayant pour seules armes des *appréciations*, chercher à les dépouiller de leur sainte auréole? Les sentiments de ceux qui suivirent Napoléon à Sainte-Hélène n'étaient ignorés de personne. Qu'on se rappelle le départ de l'Empereur Napoléon et ces touchantes paroles d'un exilé à lord Keith : — « Observez, milord, que ceux qui « pleurent sont ceux qui restent. » — Croyez-le, il ne faut chercher que du cœur, du désintéressement, de l'abnégation où vous n'avez su trouver que nécessité, vanité, calcul.

L'article de M. de Viel-Castel prouve que le temps des passions est loin de nous ; comme il le dit lui-même, il recherche la vérité. Mais ses assertions, mais les faits qu'il cite, peuvent-ils être acceptés sans appel ? Non, il rencontrera des fils, des frères, jaloux du noble héritage qui leur a été légué, et qui sentiront que, quelque discrétion que l'on doive s'imposer pour occuper le public de soi-même ou de sa famille, il est des circonstances où cela devient un devoir. C'est ce devoir que je viens remplir en rétablissant les faits dans leur intégrité, en ce qui concerne particulièrement la mémoire de mon père, le comte de Las Cases.

C'est à M. Forsyth que je vais répondre ; car si les Mémoires qu'il a fait paraître ont pu égarer un homme comme M. de Viel-Castel, ils attirent dès lors mon attention et prennent à mes yeux une toute autre importance [1].

Qui oserait se poser en défenseur de Napoléon ? Ce rôle est celui de l'histoire, qui saura bien rendre justice pleine et entière au plus grand génie des temps modernes. Il plane trop haut pour que de pareils traits puissent l'atteindre.

---

[1] Sir Hudson Lowe. *Histoire de la captivité de Napoléon à Sainte-Hélène, d'après les documents officiels inédits et les manuscrits de sir Hudson Lowe,* publiée par William Forsyth.

Quant à ce qui regarde le comte de Las Cases, il ne faut pas s'étonner de trouver dans les Mémoires de sir Hudson Lowe une tentative de vengeance à sa manière contre une famille dont le chef et le fils aîné l'avaient flétri chacun d'une façon différente.

Mais allons droit au but. Plus particulièrement acharné contre le comte de Las Cases, sir Hudson Lowe (car M. Forsyth parle en son nom) lui reproche :

— D'avoir travaillé sans cesse à irriter et à aigrir l'esprit de Napoléon qui, laissé à lui-même, aurait été disposé à une attitude et à des appréciations plus calmes.

— D'avoir, avec une constante mauvaise foi, réduit en système l'attitude, les paroles, les privations mêmes des prisonniers, afin d'exciter contre lui et contre le gouvernement anglais l'animadversion générale; ce système de récriminations incessantes étant une arme morale, la seule qui leur restât.

— D'avoir déguisé ou altéré la vérité dans sa correspondance, dans ses diverses relations, dans ses récits du *Mémorial de Sainte-Hélène.*

— Enfin, selon sir Hudson Lowe, le comte de Las Cases, « dominé par sa vanité, paraissait chercher « avant tout, dans ses plaintes déclamatoires, un « moyen d'exhausser le piédestal de la statue qu'il « s'élevait à lui-même à côté de l'Empereur. »

Quelles preuves produit sir Hudson Lowe à l'appui de ces accusations ? — Ses propres assertions et des rapports qu'il aurait reçus de ses subalternes. En présence des affirmations contraires et même des démentis formels du comte de Las Cases, de quel poids seront les assertions de sir Hudson Lowe devant ceux qui ont connu l'un et l'autre, ne fût-ce même que de réputation ? — Quelques lettres attribuées au docteur O'méara? Mais sir Hudson Lowe ne les produit pas ; son habile défenseur avoue lui-même n'en posséder que des copies et n'avoir pas même vu les originaux. — Des aveux qu'il prétend avoir été faits par le comte de Las Cases dans son Journal, mais qui auraient été retranchés à l'impression ? Comment l'aurait-il su ? Quant à ce Journal, qui, depuis, a été publié sous le titre de *Mémorial de Sainte-Hélène*, de son propre aveu, il n'a fait que le parcourir une seule fois, en présence et du consentement du Comte ; cet examen rapide ne dura que deux ou trois heures, et l'écrit fut ensuite mis sous les scellés. On ne pourrait savoir si quelques passages auraient été supprimés à l'impression qu'autant que l'on en aurait pris, dès lors, une copie entière et fidèle. Sir Hudson Lowe avouerait-il avoir violé les scellés ? Même dans ce cas, où est la preuve que les passages qu'il prétend avoir été supprimés existaient dans le manuscrit ? L'auteur du *Mémorial de Sainte-Hélène* a suffisamment prouvé que son seul but, en publiant aussi précipitamment son ouvrage (1822), était de redresser les idées sur le caractère de l'Empereur et d'amener chacun, sinon à l'amour, du moins à la justice. Qu'étaient alors, en 1822, les misérables tracasseries de Sainte-Hélène pour le comte de Las Cases, lorsqu'il jetait à la presse des vérités si rudes qu'elles pouvaient devenir un danger pour lui?

Ces observations s'appliquent à toutes les imputa-

tions exposées ci-dessus ; mais il en est quelques-
unes auxquelles je ferai des réponses directes et spé-
ciales :

Le comte de Las Cases était celui qui contribuait le
plus à entretenir l'irritation et la violence dans l'esprit de l'Empereur ! — Après l'enlèvement du Comte,
les relations avec Longwood ont dû devenir plus
faciles, plus satisfaisantes ? Tous les Mémoires et les
récits mêmes de sir Hudson Lowe constatent qu'il n'en
fut pas ainsi.

L'hostilité constante, l'accusation et les plaintes à
tort ou à raison étaient érigées en système, comme
armes morales : on dissimulait la vérité ; on altérait
les faits ! — Mais ces faits ont été connus du monde
entier ; ils sont confirmés par tous les Mémoires et
relations qui ont paru depuis 1821 ; ils ont été recon-
nus par les compatriotes mêmes de sir Hudson Lowe,
par des hommes éminents, tels que sir Walter Scott,
sir Archibald Alison l'historien, lord Campbell le
grand juge, lord Teynham et tant d'autres encore ;
enfin par ce juge suprême, l'opinion générale, una-
nimement exprimée par tous les partis et dans tous
les pays, durant les trente années de l'inconcevable
silence de sir Hudson Lowe et de sa famille. Lisez un
nouveau passage de l'article de *l'Athenæum* :

« Sir Hudson Lowe, après avoir mal vécu avec le
« premier amiral sir Georges Cockburn, eut un
« sérieux différend avec sir Pultney Malcolm, un des
« hommes les plus aimables qui aient jamais existé ;
« avec les Las Cases, avec les O'méara, les Montho-
« lon, les Antomarchi, avec tous et avec chacun en

« particulier..... Nous aurions été heureux de pou-
« voir porter un jugement favorable sur sir Hudson
« Lowe, mais nous comprenons que l'association de
« son nom à celui de Napoléon n'est pas de nature
« à lui faire honneur. » Et c'est un Anglais qui
parle !

Non, la vérité, surtout sur de pareils faits, ne peut
pas être ainsi étouffée pendant trente années par la
seule conspiration de quelques hommes longtemps
proscrits, et l'innocence ne garde pas le silence pendant trente ans et jusqu'après la mort des accusateurs,
contre des imputations flétrissantes. Le manque d'é-
gards envers l'auguste captif, les tracasseries de tout
genre, les rigueurs inutiles, les *coups d'épingle* répétés
chaque jour : voilà ce qui était réduit, érigé en système. Les captifs n'ont fait que le raconter, et les
documents mêmes produits par sir Hudson Lowe prou-
vent que ces vexations n'étaient que trop réelles.

Mais, de toutes les insinuations, la plus perfide est
celle qui tend à représenter le comte de Las Cases
comme repentant, fatigué de son dévouement, et ne
désirant qu'un prétexte pour se soustraire à sa captivité volontaire. — Sans doute, sir Hudson Lowe a
pu le croire, car il est des hommes qui ne sauraient
comprendre un sentiment noble, une généreuse abnégation ; mais le comte de Las Cases, si franc, si loyal,
ce courtisan du malheur qui accourait au jour où tant
d'autres s'éloignent, aurait donc été, après dix-huit
mois, à bout de dévouement et de constance ? Qui
pourra croire une pareille assertion ? N'a-t-il pas assez
prouvé que, puisant dans son cœur, aux sources les

plus pures, une exaltation bien concevable, il considérait ses sacrifices comme peu de chose et ne trouvait pas de bonheur plus enviable que cette captivité qui le rapprochait de l'Empereur ? Pour imposer silence d'un seul mot à cette indigne supposition, il suffirait de citer cette phrase de la lettre que l'Empereur adressait au comte de Las Cases, le 11 décembre 1816, quinze jours après son arrestation · « Je vous engage, et au besoin vous ordonne de « requérir le commandant de ce pays de vous renvoyer sur le continent. » Que répondre à une telle preuve, à un ordre aussi précis ? — Mais sir Hudson Lowe prétend interpréter les véritables sentiments de l'Empereur : cette lettre n'était qu'un *artifice combiné* pour intimider le gouverneur et *le décider à remettre* Las Cases en *liberté* ; et il se livre, sur ce texte, à diverses suppositions aussi inconcevables qu'inconvenantes. — Le comte de Las Cases exposait très-nettement ses motifs : on paraissait disposé à lui permettre de retourner à Longwood ; mais à quelles conditions ! il n'y resterait que provisoirement, jusqu'à ce que le ministère anglais eût pris une décision à son égard. On retenait ses papiers et son Journal : il devait souscrire une soumission pure et simple. En acceptant cette concession insidieuse, il eût sanctionné les actes arbitraires qui avaient été commis à son égard ; il en eût, en quelque sorte, autorisé de nouveaux, tant envers lui-même qu'envers ses compagnons de captivité ; et pourtant, il demandait avec instances qu'il lui fût permis de soumettre la question à l'Empereur, « dont le désir serait pour lui la loi suprême, » ou du moins d'écrire à ce sujet au général Bertrand. Cette permission ne lui fut point accordée : sa lettre au général fut tronquée et raturée. A peine put-il, avant son embarquement, voir le grand maréchal qui lui dit, de la part de l'Empereur, « qu'il le verrait rester « avec plaisir et le verrait partir avec plaisir. » La consolation de faire ses adieux à l'Empereur, qui en avait témoigné le désir, lui fut même refusée. Après une lutte déchirante avec son cœur, le comte de Las Cases voulut partir. Mais, en s'éloignant, ne remplissait-il pas le désir secret de l'Empereur ?.... Qu'on se rappelle ce passage de la lettre de Napoléon : « Au « besoin je vous l'ordonne ! » et sir Hudson Lowe le sentait bien. Certes, si le comte de Las Cases eût été las de son dévouement et empressé de saisir un prétexte pour s'en affranchir ; s'il eût témoigné une répugnance mal motivée à retourner, même momentanément, à Longwood, les sentiments de l'Empereur en eussent été singulièrement modifiés ; le comte de Las Cases n'aurait pas été assez heureux pour voir accepter par l'Empereur ses cent mille francs : l'acceptation de cette offre du Comte, les adieux que Napoléon lui fit porter, le testament de l'Empereur et ses codicilles répondent assez.

Oui, sir Hudson Lowe comprenait bien le motif qui avait décidé le comte de Las Cases à s'embarquer ; car ses persécutions semblent le suivre jusqu'en Europe. Pourquoi est-il retenu prisonnier à Sainte-Hélène loin de l'Empereur ? pourquoi l'est-il encore au Cap ? Pourquoi ne lui est il pas permis de débarquer en Angleterre ? Pourquoi ne devient-il libre qu'au bout de treize mois? Pourquoi?.... Pour retarder et peut-être étouffer le cri de la vérité qu'un captif allait faire retentir en Europe !

C'est à cette époque de sa vie que le comte de Las Cases présente le plus bel exemple de force morale, d'énergie de cœur. Il dompte la faiblesse et la maladie pour servir celui auquel il s'est dévoué ; rien ne lui coûte, peines, fatigues, chagrins, ennuis, difficultés : il pense à tout, il supporte tout, il obvie à tout. Faut-il citer ses lettres aux puissances étrangères; sa correspondance avec toute la famille impériale ; la manière dont il dirige leurs efforts vers ce qui peut apporter le plus de soulagement à l'Empereur ; ses envois nombreux à Sainte-Hélène; ses lettres de tous les mois au grand maréchal Bertrand ; le crédit qu'il lui fait ouvrir à Londres et à Francfort, etc., etc. ?

Depuis l'époque de son retour en Europe, 1817, jusqu'en 1821, le comte de Las Cases a persévéré dans sa noble tâche sans jamais faiblir. On connaît peu ce dévouement de tous les instants, qui avait d'autant plus de mérite qu'il n'était plus soutenu par la présence de l'Empereur et par sa magique influence. Qu'on me pardonne si je m'arrête un moment.... J'ai là, sous ma main, une grande quantité de précieux documents que je viens de parcourir, et ce n'est pas sans un légitime orgueil, mêlé de respect et de reconnaissance, que je contemple le riche héritage d'honneur, de fidélité, d'admirable désintéressement que nous a laissé notre père.

Parmi cette correspondance de la famille impériale, il est bien des lettres qui furent douces au cœur du comte de Las Cases et dont je ne puis m'empêcher de citer quelques passages.

La reine Hortense lui écrit d'Augsbourg :

« . . . .

« . . . . C'est un dévouement héroïque qu'il faut « rencontrer ; car l'intérêt n'a plus rien à faire là.... « et vous avez prouvé, monsieur de Las Cases, qu'il « pouvait encore exister des hommes que le malheur « attache et qui savent sacrifier leur propre intérêt au « besoin de soulager une noble infortune. »

Nous reviendrons sur cette correspondance. Il est temps de mettre au jour une nouvelle preuve du dévouement de mon père et une réponse de plus, s'il en est besoin encore, aux insinuations perfides de sir Hudson Lowe. Le comte de Las Cases apprend que l'Empereur perd un de ses serviteurs ; que fait-il ? Il demande à le remplacer.

« A M. GOULBURN, SOUS-SECRÉTAIRE D'ÉTAT.

Francfort, 19 mai 1818.

« Monsieur, je viens d'apprendre par les journaux « le retour inattendu du général Gourgaud. Cette « diminution dans le nombre des serviteurs qui en- « tourent Napoléon, me pénètre le cœur et me fait « prendre le parti de vous prier de vouloir bien de- « mander à lord Bathurst qu'il me soit permis de re- « tourner à Sainte-Hélène, accompagné de ma famille. « Cette *intention* et ce *désir* ne me quittèrent jamais, « ainsi que Sa Seigneurie pourra s'en convaincre dans « toute ma correspondance avec sir Hudson Lowe au

« moment de quitter la colonie. Je ne pense pas qu'il
« soit nécessaire d'en demander l'agrément préalable
« à l'Empereur Napoléon, parce que j'ose me flatter
« que sa réponse ne saurait être douteuse. Toutefois,
« si lord Bathurst le jugeait nécessaire, je supplie Sa
« Seigneurie d'en faire la demande elle-même; elle
« pourra s'apercevoir que dans ma lettre à Longwood
« je me suis abstenu de mentionner cette circons-
« tance. Des considérations de délicatesse, que Sa
« Seigneurie saura apprécier, m'ont retenu. L'état
« déplorable de ma santé ne sera point un obstacle;
« j'ambitionne d'aller trouver un tombeau aux pieds
« de celui que je vénère et aux soins duquel je
« trouverais doux de consacrer le dernier souffle de
« ma vie.

« Comte de Las Cases. »

L'année suivante, le comte de Las Cases écrit encore à lord Bathurst :

15 sep'embro 1819.

« Milord, lorsque j'appris l'arrivée du général
« Gourgaud en Europe, j'eus l'honneur de faire de-
« mander à Votre Seigneurie d'aller, avec toute ma
« famille, le remplacer auprès de Napoléon.
« Aujourd'hui que son entourage se trouve encore
« diminué par le départ de madame de Montholon,
« j'ai l'honneur de vous réitérer la même demande.
« Je la sollicite surtout et spécialement pour mon fils,
« qui a déjà partagé mon premier exil à Sainte-Hé-

« lène, et qui, prévoyant qu'il serait possible que
« l'état déplorable de ma santé ne me permît *absolu-*
« *ment* pas d'entreprendre ce voyage, est parvenu à
« obtenir que je lui permisse de s'arracher d'auprès
« de moi pour s'y rendre seul. Vu mon âge et mes
« infirmités, le besoin que j'ai de ses soins, les conso-
« lations qu'il me donne, en cédant à ses sollicitations
« c'est déjà plus pour moi que toutes les fatigues et
« les peines du voyage. Milord, Votre Seigneurie n'a
« honoré ma première demande d'aucune réponse.
« Ma seconde demande demeurerait-elle également
« sans réponse ou bien pourrait-elle être refusée? Je
« ne saurais le croire. Il me paraît impossible qu'aux
« horribles traitements dont on entoure l'illustre vic-
« time, on pût vouloir joindre la privation barbare
« du charme consolateur de voir l'amour et les soins
« s'empresser de venir alléger ses peines.

« Comte de Las Cases. »

Et voilà celui qu'on voudrait accuser d'avoir *profité*
de l'occasion que le hasard lui offrait pour aban-
donner l'Empereur!.... Du reste, si, loin de l'objet de
son culte, son zèle et son ardeur s'étaient refroidis, il
aurait trouvé dans la famille impériale de tels exemples
de dévouement et d'abnégation, que ses sentiments en
eussent pris une nouvelle vie. Qu'on me permette de
faire connaître quelques-unes de ces lettres si nobles
et si touchantes. Je prends au hasard, parmi le grand
nombre de celles que j'ai entre les mains.

Le prince Lucien écrit de Rome à **M.** le comte de
Las Cases :

Rome, 17 mai 1818.

« Je reçois, mon cher Las Cases, votre lettre de
« Francfort, et je ne puis commencer ma réponse
« avant de vous assurer que rien n'égale l'estime et
« l'affection que j'ai pour vous. En suivant du cœur
« mon frère dans son triste exil, ma pensée souvent
« s'est arrêtée sur vous avec complaisance, et lorsque
« j'ai appris qu'on vous ramenait en Europe, je me
« suis demandé qui pourrait vous remplacer auprès
« de votre auguste et malheureux ami! J'ai reçu la
« copie du Rapport que vous m'adressiez : comment
« peut-on traiter ainsi celui qui a relevé tant de rois
« suppliants? Si vous faisiez imprimer ce rapport, ne
« s'éleverait-il pas un cri en Europe, et les souverains
« alliés ne penseraient-ils pas à leur gloire?. . . . .
« . . . . Le cardinal, la princesse Borghèse et le
« prince Louis sont ici réunis. Mais mon esprit et
« mon cœur se dirigent vers Sainte-Hélène. L'idée de
« le voir seul dans son exil languir et mourir me
« semble trop pesante et je veux aller le trouver. J'hé-
« site encore si j'y conduirai ma femme, qui, digne de
« moi, désire me suivre, et mes enfants ; ou si j'irai
« seul !.... Si on me permet d'aller à Sainte-Hélène,
« pensez-vous qu'on vous permette d'y retourner et
« voudrez-vous m'accompagner?
« Je vous embrasse tendrement.

« Votre affectionné,

« LUCIEN. »

Le roi Jérôme, depuis l'arrivée du comte de Las

Cases, n'avait qu'un désir, qu'un but, celui de rejoindre son auguste frère, il écrit :

« AU PRINCE RÉGENT.

Schönau, avril 1818.

« Altesse royale,

« Des motifs entièrement dégagés de toute idée po-
« litique me font désirer vivement de pouvoir aller
« passer quelques mois à Sainte-Hélène avec ma femme,
« mon fils et un petit nombre de personnes de ma
« suite. Les sentiments qui m'inspirent cette démarche
« ne sauraient être étrangers à l'âme de V. A. R. : c'est
« l'attachement, c'est la reconnaissance envers un
« frère qui fut longtemps mon père et mon bienfai-
« teur; c'est le désir, partagé par ma femme, d'adou-
« cir sa captivité par nos soins et par nos respects ;
« c'est enfin le besoin de lui prouver que sa famille
« ne fut jamais ingrate envers lui, et qu'au contraire,
« il est plus que jamais un objet d'amour et de véné-
« ration pour elle. Des motifs aussi sacrés pour tous
« les hommes seront sans doute appréciés par V. A. R.;
« en faisant droit à ma demande, elle honorera l'hu-
« manité et acquerra des droits éternels à la recon-
« naissance de toute ma famille.

« JÉROME. »

Au Prince régent, dans la même lettre :

« Altesse royale,
« Accoutumée depuis longtemps à n'avoir d'autres
« désirs que ceux du prince mon époux, d'autre règle

« de ma conduite que sa volonté, j'aurais pu me dis-
« penser de sortir du cercle étroit de mes devoirs
« pour vous écrire ; mais il s'agit de remplir une
« tâche sacrée... Mon beau-frère, éloigné depuis trois
« ans de tout ce qui lui est cher, séquestré du monde
« entier, en proie à de douloureuses infirmités, ré-
« clame toute notre sollicitude. Je ne puis oublier les
« liens de parenté qui m'unissent à lui, encore moins
« ceux de la reconnaissance pour les bontés dont il
« me combla au temps de sa prospérité. L'attache-
« ment et le respect qu'il m'inspira toujours se sont
« accrus par ses malheurs, et je m'estimerais bien
« heureuse si je pouvais par mes soins contribuer à
« adoucir les rigueurs de sa captivité. Souffrez donc
« que je joigne mes instances à celles du prince mon
« époux et que, dans cette circonstance, j'ose me
« prévaloir du sang de la maison de Brunswick qui
« m'unit de si près à V. A. R. J'espère qu'elle ne me
« fera pas éprouver la douleur d'un refus.

« CATHERINE. »

La princesse Pauline Borghèse, à peine relevée d'une
longue maladie, ne peut résister à ses angoisses ; elle
écrit à la hâte au comte de Las Cases :

« Monsieur,
« Ma mère vous écrira les nouvelles de l'Empereur,
« qui sont bien alarmantes. J'ai déjà fait officielle-
« ment au gouvernement anglais la demande de me
« laisser partir pour Sainte-Hélène, si on a la cruauté
« de refuser à l'Empereur de changer de climat. Si

« mon voyage s'effectue, ce qui serait bientôt, puis-je
« compter sur votre fils? Ma mère m'assure qu'il veut
« rejoindre l'Empereur. Je vous prie, Monsieur, de
« me répondre le plus tôt possible.

« Pauline Borghèse. »

Pourquoi l'espace ne me permet-il pas d'en citer davantage? De pareils sentiments élèvent encore, dans l'opinion publique, ceux qui les ont ressentis comme celui qui les a inspirés.

Mais, en terminant ce long article, disons que parmi tant de fausses insinuations, il est pourtant un point sur lequel, aveuglé par sa malveillance même, sir Hudson Lowe a, sans le vouloir, approché de la vérité. Tous ceux qui ont connu le comte de Las Cases savent combien il était simple et modeste et ont souri de dédain en l'entendant accuser d'avoir eu la prétention vaniteuse de s'ériger lui-même une statue à l'ombre de celle de Napoléon. Mais si l'on disait qu'après avoir satisfait au sentiment qui dominait dans son cœur, le comte de Las Cases a pu, comme considération secondaire, songer à l'illustration qui rejaillirait sur son nom d'être cité dans l'histoire parmi ceux des plus constants et des plus fidèles serviteurs de l'immortel Empereur; qu'il a pensé que la tradition de son noble dévouement serait un héritage d'honneur à laisser à sa famille; rien n'est plus probable que cette conjecture, parce que rien n'est plus conforme au caractère du comte de Las Cases que de tels sentiments, qui sont souvent la source des plus belles actions.

Nous acceptons et recueillons avec bonheur ce glorieux héritage ; nous le transmettrons à nos enfants avec le culte héréditaire pour la mémoire et le nom de Napoléon, et nous regarderons toujours comme un des titres les plus beaux et les plus précieux de notre famille cette lettre du 11 décembre 1816, dans laquelle l'auguste captif adressait à mon père, que l'on arrachait d'auprès de lui, cet adieu si flatteur et si touchant : « Votre conduite à Sainte-Hélène a été comme « votre vie, honorable et sans reproche ; vantez-vous « de la fidélité que vous m'avez montrée et de toute « l'affection que je vous porte. »

De son côté, sir Hudson Lowe peut se vanter d'avoir conquis lui-même une sorte de célébrité, en associant son nom dans l'histoire au nom de Napoléon. Nous n'eussions pas voulu troubler sa cendre et réveiller un procès jugé depuis si longtemps, si nous n'y avions été provoqué par ses attaques posthumes. A cet homme qui semble insulter encore du fond de sa tombe, je réponds : Si votre renommée vous pèse, si vous ne pouvez vous résigner à la supporter en silence, tâchez d'atténuer, de pallier ce que votre conduite a eu de barbare ; rejetez sur votre gouvernement, rejetez sur lord Bathurst l'odieux de pareils actes, mais n'outragez pas un de ceux qui furent les victimes de ces actes et qui ont dû vous considérer comme l'instrument, sinon comme l'auteur de leurs tourments ; cessez de le calomnier en essayant de jeter un doute sur la noblesse et la pureté de ses intentions. — A chacun selon ses œuvres.

Dans cette réponse à d'indignes et si tardives attaques, si j'ai attaché aux mémoires de l'ancien gouverneur de Sainte-Hélène plus d'importance peut-être qu'ils n'en méritaient ; si en réfutant certains passages, mes paroles ont été vives et sévères, j'aurais au besoin à alléguer pour excuse que j'exprimais le cri de conscience d'un fils qui défend ce qu'il a de plus précieux au monde, l'honneur, la réputation de son père.

BARTHÉLEMY, BARON DE LAS CASES (SAINTE-HÉLÈNE).

———◦◦◦◦◦◉◦◦◦◦◦———

Cette réponse n'a pu paraître aussi promptement que je l'aurais désiré, plusieurs des pièces que je voulais consulter étant encore sous les scellés apposés après la mort de mon frère Emmanuel, comte de Las Cases, et qui n'ont été levés que depuis peu de temps.

Selon mes habitudes franches et sans détours, j'avais été directement présenter cette réfutation à M. de Viel-Castel, en qui j'ai trouvé, je dois le déclarer, le plus loyal concours pour en obtenir l'insertion dans la *Revue des Deux-Mondes*. Mais la direction de cette Revue en ayant jugé autrement, et exigeant des suppressions auxquelles je ne peux consentir, j'ai dû me décider à donner moi-même à ma réponse toute la publicité nécessaire pour rétablir la vérité.

Imprimerie de W. REMQUET et Cie, rue Garancière, 5.